BEI GRIN MACHT SICH IHR WISSEN BEZAHLT

Hala Fattah Ahmad, Hala Ibrahim

Schriftliches Erzählen. Angebot und Diskussion eines konkreten Unterrichtskonzeptes

GRIN Verlag

Bibliografische Information der Deutschen Nationalbibliothek:

Die Deutsche Bibliothek verzeichnet diese Publikation in der Deutschen National-
bibliografie; detaillierte bibliografische Daten sind im Internet über http://dnb.d-
nb.de/ abrufbar.

Impressum:

Copyright © 2015 GRIN Verlag, Open Publishing GmbH
Druck und Bindung: Books on Demand GmbH, Norderstedt Germany
ISBN: 978-3-668-01329-2

Dieses Buch bei GRIN:

http://www.grin.com/de/e-book/301410/schriftliches-erzaehlen-angebot-und-dis-
kussion-eines-konkreten-unterrichtskonzeptes

GRIN - Your knowledge has value

Der GRIN Verlag publiziert seit 1998 wissenschaftliche Arbeiten von Studenten, Hochschullehrern und anderen Akademikern als eBook und gedrucktes Buch. Die Verlagswebsite www.grin.com ist die ideale Plattform zur Veröffentlichung von Hausarbeiten, Abschlussarbeiten, wissenschaftlichen Aufsätzen, Dissertationen und Fachbüchern.

Besuchen Sie uns im Internet:

http://www.grin.com/

http://www.facebook.com/grincom

http://www.twitter.com/grin_com

Carl von Ossietzky Universität Oldenburg

Ausarbeitung

Schriftliches Erzählen

Angebot und Diskussion eines konkreten Unterrichtskonzepts

Der Schüler schreibt, um sich schreibend über sich selbst und sein Verhalten zur Wirklichkeit

klarzuwerden.

Werner Ingendahl

Name: Fattah Ahmad, Hala Ibrahim
Semester: 5 Semester
Studiengang: Lehramt; Deutsch und Philosophie
Seminar: Schreib- und Text(sorten) kompetenz in der Sekundarstufe
Abgabedatum: 30.03.2015

Inhalt

1. Einleitung

Erzählen ist wie jede andere Kunstform, die wir Menschen unser Leben lang automatisch und fast täglich betreiben, erst einmal eine instinktive Angelegenheit[1]. Etwas also, was wir triebmäßig, gedankenlos und unwillkürlich tun.

Warum instinktiv?

Schüler erzählen den ganzen Tag, sie sprechen miteinander, was sie zu Hause alles erlebt haben[2]. Sie erzählen zum Beispiel von der letzten Party, von Filmen, Computerspielen und Vielem mehr[3]. Dem Lehrer erzählen sie Geschichten, wenn es darum geht, zu begründen, warum sie ihre Hausaufgaben nicht machen konnten oder weshalb sie zu spät gekommen sind[4]. Für ihre Eltern halten sie Geschichten bereit, um zu erklären, weshalb sie in einem bestimmten Schulfach keine gute Note erreichen konnten[5].

Ihre Geschichten setzen sich aus einzelnen Komponenten zusammen, wie zum Beispiel: Handlung, Charaktere/Figuren, Zeit, Ort, Dialog, Perspektive, Szene, erzählerische und sprachliche Elemente. Der Schüler ruft diese Komponenten nicht explizit hervor, wenn es darum geht, etwas zu erzählen, aber er macht es implizit, deswegen sprechen wir auch davon, dass Erzählen zunächst eine instinktive Angelegenheit ist.

Natürlich handelt es sich bei Alltagsgeschichten um gesprochene Worte, dennoch funktionieren sie nach denselben Prinzipien, die schriftliches Erzählen erfordert, da diese Elemente auch in zahlreichen erzählenden Texten vorkommen[6].

Schon im Prozess des Überlegens, wie der Schüler seine Geschichte erzählen möchte, um eine bestimmte Reaktion zu erzielen, trifft er sehr wohl Entscheidungen bezüglich der eben genannten Elemente[7]. Es findet schon im reinen Erzählen von Geschichten eine Auseinandersetzung mit erzählerischen Elementen statt, sie müssen den Schülern explizit bewusst gemacht und in einen anderen Erzählzusammenhang gebracht werden[8].

In meinem Referat zum Thema *Schriftliches Erzählen* habe ich mich mit der Textsorte Kurzgeschichte befasst und möchte in meiner Ausarbeitung auf die wesentlichen Punkte meines Referates eingehen. Zunächst werde ich erläutern, wie man die Textsorte Kurzgeschichte in den Deutschunterricht einbetten kann. Anschließend werde ich auf die Kurzgeschichte einer Schülerin nur kurz eingehen, da der Schwerpunkt meiner Arbeit auf dem nächsten Punkt liegt.

---

[1] Vgl. Wörner, Ulrike; Rau, Tilman; Noir, Yves (2012): Erzählendes Schreiben im Unterricht, Klett Kallmeyer, Seelze. S.6.
[2] Vgl. ebd.
[3] Vgl. ebd.
[4] Vgl. ebd.
[5] Vgl. ebd.
[6] Vgl. ebd.
[7] Vgl. ebd.
[8] Vgl. ebd.

1

Dieser befasst sich mit dem Schreibprozess und möglichen Gesichtspunkten, die dabei aufkommen und erläutert werden sollen. Zum einen soll dargelegt werden, welche Perspektiven Schreiben eigentlich für den Schreiber eröffnet. In einem weiteren Punkt soll beschrieben werden, wie Schreibkompetenz und Schreibprozess miteinander zusammenhängen. Im letzten Punkt befasse ich mich mit dem Aspekt Beurteilung und Schreibprodukt.

2. Einbettung der Kurzgeschichte in den Deutschunterricht

Natürlich muss ein Lehrer sich Gedanken darüber machen, welche Relevanz Textsortenbeispiele haben können, die eine Behandlung im Unterricht rechtfertigen können.[9]

Dabei kann die Behandlung von Kurzgeschichten insofern für den Deutschunterricht als relevant erscheinen, als dass ein Thema im Zentrum der Beschäftigung steht.[10]

Zudem kann die Behandlung von Kurzgeschichten insofern relevant sein, als dass die Schülerinnen und Schüler sich intensiv mit einer spezifischen Textsorte beschäftigen und dabei ihre erzählerischen und sprachlichen Besonderheiten erkennen.[11]

Wenn die Zielsetzung festgelegt wurde, erscheint es ratsam, sofern kein Vorwissen vorhanden ist, den Schülerinnen und Schülern einen Einführungstext mit allgemeinen Hintergrundinformationen zum Begriff Kurzgeschichte vorzulegen.[12]

Sobald es darum geht, dass die Schülerinnen und Schüler sich mit Kurzgeschichten beschäftigen, empfiehlt sich eher ein induktives Vorgehen als ein deduktives Vorgehen. Man sollte den Schülern demnach eher die Möglichkeit eröffnen, Besonderheiten der Textsorte selbst zu entdecken, als ihnen Auswertungsaspekte vorzulegen, nach denen sie die Kurzgeschichte untersuchen sollen.[13] Die Lehrkraft muss stets bedenken, dass das Nennen der Merkmale nicht das Ausschlaggebende darstellt, sondern die Erörterung ihrer Funktion.[14]

Anhand des Behandelns unterschiedlicher Kurzgeschichten aus verschiedenen Zeiträumen sollte den Schülern deutlich werden, dass es keine normativen Merkmale einer Kurzgeschichte gibt.[15] Die Auflistung von Merkmalen darf nicht aus einer normativen Perspektive heraus betrachtet werden, sondern sollte deskriptiv gelesen werden.[16]

---

[9] Vgl. Meissner, Almuth (2009): Schlaglichter. Zwei Dutzend Kurzgeschichten. URL: http://www2.klett.de/sixcms/media.php/10/A00416_26273100.pdf. Download am 15.02.2015.
[10] Vgl. ebd.
[11] Vgl. ebd.
[12] Vgl. ebd.
[13] Vgl. ebd.
[14] Vgl. ebd.
[15] Vgl. ebd.
[16] Vgl. ebd.

Nach dem Erarbeiten von gattungstypologischen Merkmalen einer Kurzgeschichte, können die Schülerinnen und Schüler mit dieser Textsorte noch vertrauter werden, indem sie selbst eine Kurzgeschichte verfassen. Dabei eröffnen sich mehrere Möglichkeiten. Eine mögliche Variante besteht darin, den Anfang einer Kurzgeschichte weiterzuschreiben.[17] Eine zweite Möglichkeit besteht darin, einen Anfang zu einem bereits vorhandenen Schluss zu schreiben, dabei ist der Schwierigkeitsgrad höher, da Exposition und Verlauf der Handlung vom Ende her rekonstruiert werden müssen.[18] Eine dritte Möglichkeit ergibt sich, indem die Schülerinnen und Schüler eine Kurzgeschichte selbst nach einem Vorbild verfassen[19], dies stellt zugleich einen noch höheren Schwierigkeitsgrad dar, weil kein vorgefertigter Textabschnitt als Grundlage und Orientierung vorliegt, sondern Handlung, Zeit, Ort, Figuren/Charaktere usw. eigener Überlegungen und Konzeptionen bedürfen.

3. Kurzgeschichte einer Schülerin

Im Rahmen einer Unterrichtseinheit zum Thema Kurzgeschichten haben Schüler einer 9. Klasse eines Gymnasiums über Wochen hinweg Kurzgeschichten aus der Nachkriegszeit und Gegenwart gelesen und interpretiert.[20] Dabei ist es jedoch nicht geblieben, zum Ende der Unterrichtseinheit haben die Schüler ihre eigene Kurzgeschichte, auf der Grundlage von eigenständig ausgewählten Kurzgeschichten zur Ideenfindung, geschrieben.[21]

Die Schülerin Daria hat sich als Vorlage für ihre eigene Kurzgeschichte zum einen „Das Brot" (1946) von Wolfgang Borchert und zum anderen „Im Spiegel" (1984) von Margret Steenfatt ausgesucht. Ihre selbstverfasste Kurzgeschichte nennt sich „Spiegel" (Quelle hierzu siehe Anhang). Beide Kurzgeschichten wurden meinerseits auf sprachliche und erzählerische Mittel hin analysiert, die Ergebnisse finden sich im Anhang. Auch habe ich die Kurzgeschichte der Schülerin auf die genannten Kriterien hin untersucht und konnte aufgrund eines Vergleichs deutliche Parallelen zwischen der Kurzgeschichte der Schülerin und den beiden Vorlagen erkennen.

Abgesehen von den erkennbaren Parallelen sind die Kreativität der Schülerin und die Ausgeprägtheit ihrer Schreibkompetenz festzustellen.

Da meine Arbeit jedoch einen begrenzten Umfang hat kann ich das Gesagte leider nicht näher darlegen, dennoch finden sich im Anhang meine Analysen, wodurch es nachvollziehbar wird.

---

[17] Vgl. ebd.
[18] Vgl. ebd.
[19] Vgl. ebd.
[20] Fachteam Deutsch 9 (2015): Selbstgeschriebene Kurzgeschichten. URL: http://www.aesmtk.de/cms/index.php/aktuelles/neuigkeiten/278-fachschaft-deutsch-selbstgeschriebene-kurzgeschichten-von-schuelern-der-9-klassen. Download am 15.02.2015.
[21] Vgl. ebd.

4. Reflexion- Schreibprozess

„Der Schreibprozess ist ein umfassender kognitiver und psychomotorischer Prozess, der sich in verschiedene Phasen einteilen lässt. In der ersten Phase plant man einen Text - man sammelt Ideen, ordnet sie und macht sich Gedanken über Struktur und Form. Während Phase zwei beschäftigt man sich mit der eigentlichen Formulierung, und in Phase drei überarbeitet man den verfassten Text. Demnach sind die drei Phasen des Schreibprozesses folgende:

1. Planung,

2. Formulierung,

3. Überarbeitung."[22]

4.1 Subjektperspektive - Der Schreiber

Im Schreibprozess eröffnen sich auch Perspektiven hinsichtlich des Schreibers und seiner Individualität[23]. Das Schreiben kann dahingehend als ein Instrument des eigenen Ausdruckswillens, der eigenen Persönlichkeit innerhalb der Gesellschaft Möglichkeiten und Grenzen zu entfalten, fungieren.[24]

Schreiben zu lernen impliziert daher, dass der Schreiber sich über die seine eigenen Möglichkeiten und Absichten bewusst wird, die Bedingungen bezogen auf den Aspekt Verständigung zum Zweck des eigenen Sprachhandelns erkennt und anwendet. Nicht zuletzt stellt Schreiben daher eine Komponente des Lernziels Mündigkeit, hinsichtlich personaler und sozialer Verantwortung, dar[25].

So trägt das Verfassen des eigenen Textes insgesamt zur Persönlichkeitsentwicklung und Ich-Identität (der Subjektivität) bei, da durch das Schreiben Selbstbestätigung und Selbstaufwertung aufkommen; indem das Schreiben und die Veröffentlichung von Erlebnissen und Meinungen deren Bedeutung hervorhebt, wird infolgedessen die Aufmerksamkeit für das Ich erhöht[26].

Somit rückt der Schreiber innerhalb des Schreibprozesses als Individuum in den Mittelpunkt, er kann seine Kreativität zur Geltung kommen lassen und seine eigenen Erfahrungen durch Sprachhandeln verarbeiten[27].

Der Schreibprozess beinhaltet unter anderem den Aspekt, dass der Schreiber eine authentische

---

[22] Lehrstuhl für Didaktik der deutschen Sprache und Kultur (2015): Der Schreibprozess. URL: http://www.uni-bamberg.de/?id=24538. Download am 25.03.2015.
[23] Vgl. Böth, Wolfgang (1995): Bewusster Schreiben. Verlag Moritz Diesterweg GmbH & Co., Frankfurt am Main, S. 5ff.
[24] Vgl. ebd.
[25] Vgl. ebd.
[26] Vgl. Kuhl, Helwig (1988): Ermutigung zum Schreiben. 1. Auflage. Skriptor Verlag GmbH & Co., Frankfurt am Main, S.46
[27] Vgl. Böth, Bewusster Schreiben 1995, S.15

Schreibhaltung entwickelt, damit folglich auch das subjektive Bewusstsein gestärkt wird [28].

Schreibhaltung ist die Art und Weise, in der beim Schreiben Ich und Welt miteinander in Beziehung gesetzt werden [29]. Das Bewusstsein des Schreibers trägt eine enorme Relevanz hinsichtlich der Aspekte Produktion und Rezeption und somit auch bezüglich der Schreibkompetenz [30]. Dieser muss ein Bewusstsein dafür entwickeln, dass sein Text ein ausschließlich von ihm zu rechtfertigendes Verhältnis zur Wirklichkeit beschreibt. Und genau dieses Verhältnis entscheidet darüber, ob er eine Erlebniserzählung also im Sinne realistischer Wirklichkeitsbeschreibung oder im Sinne einer von ihm wünschenswerten Wirklichkeit darbietet [31].

Der Schüler kann sich schreibend über Situationen und Gefühle ausdrücken, diese werden ihm aufgrund der Notwendigkeit der Versprachlichung bewusster werden, dadurch kann er sie geistig bewältigen und durch sein Handeln beherrschen [32].

Schreiben leistet nicht nur Selbsterfahrung durch schriftsprachliche Kommunikation, es ermöglicht uns darüber hinaus auch, mit konkreten Adressaten in Kommunikation zu treten [33].

Weiterhin ermöglicht das kreative Lernen durch Schreiben das Schaffen von Schreibmotivation, Schreibimpulsen und Schreibanlässen, die sich auch über die Schule hinaus auf die Freizeitgestaltung auswirken können [34]. Der Schüler erwirbt Fähigkeiten und Eigenschaften, die dem künstlerisch- musischen Charakter des Faches gerecht werden, z.B. Phantasie, sprachschöpferisches Verhalten, die Freude am Spielen und Experimentieren mit Sprache, daneben auch Sensibilität, Flexibilität, Originalität, Spontaneität und Variabilität [35].

4.2 Schreibprozess und Schreibkompetenz

Um den Begriff der Schreibkompetenz zu definieren, wird zunächst der Prozesscharakter des Schreibens aufgegriffen. [36] Es liegen dahingehend die Prozesse der Planung, der Textverschriftlichung und der Textüberarbeitung zugrunde. [37]

Der Text entsteht zunächst einmal im Kopf, dort findet bereits ein Nachdenken über Sprache statt. [38] Dahingehend muss der Schreiber die Fähigkeit zur Abstraktion haben und eine Distanz zu dem geplanten Text aufbauen, um so die Planung nochmals überdenken zu können. [39] Außerdem muss

---

[28] Vgl. Böth, Bewusster Schreiben 1995, S.14
[29] Vgl. Kuhl, Ermutigung zum Schreiben 1988, S.43
[30] Vgl. Böth, Bewusster Schreiben 1995, S. 14
[31] Vgl. ebd.
[32] Vgl. ebd., S. 24
[33] Vgl. Brunner, Maria E. (1997): Schreibgesten, bye ars una Verlagsgesellschaft mbH, Neuried, S. 132
[34] Vgl. Schuster, Karl (1997): Das personal- kreative Schreiben im Deutschunterricht, 2. korrigierte Auflage, SchneiderVerl., Hohengehren. , S. 27
[35] Vgl. ebd.
[36] Vgl. Richter, Bastian (2008): Didaktische Konzepte zur Förderung der Schreibkompetenz in der Sekundarstufe I. URL: http://www.linse.uni-due.de/linse/esel/arbeiten/schreibkompetenzfoerderung.pdf. Download am 26.03.2015., S. 15 ff.
[37] Vgl. ebd.
[38] Vgl. ebd.
[39] Vgl. Richter, Bastian (2008), S. 15ff.

der Schreiber für den Planungsprozess über die Fähigkeit zur Metakognition verfügen, durch die erst eine differenzierte Planung möglich wird.[40]

Durch die möglicherweise aufkommenden Schwierigkeiten der Mitteilung erfährt der Schreiber, wie wenig selbstverständlich seine Gedanken und Gefühle für andere sind. Um seine Schreibprobleme praktisch bewältigen zu können, muss er sich bezüglich des Aspekts der Textproduktion ein konkretes Schreibziel, basierend auf einer vorherigen Analyse der Schreibfunktion und- situation, setzen[41]. Er muss sich über die Leserantizipation bewusst werden, indem er über die Angemessenheit des Geschriebenen für den Leser reflektiert[42]. So ist die Festlegung des Schreibers als ein bewusster Entscheidungsvorgang innerhalb des Schreibprozesses zu deuten, er setzt im Moment des Festlegens ein Steuerungsmoment ein, um den Leser dementsprechend beeinflussen zu können[43] und kann sich durch das Schreiben besser darüber bewusst werden, was er eigentlich will[44]. Bezogen auf den Aspekt Rezeption ist der Begriff Festlegung insofern relevant, als dass der Rezipient in der Lage sein muss, den vom Schreiber gesetzten Steuerungsprozess auch nachvollziehen zu können[45]. Wenn der Schreiber diese Kompetenz entwickelt hat, dann hat er eine von mehreren Teilkompetenzen der Schreibkompetenz erworben, und zwar die der Zielsetzungskompetenz[46].

Einerseits muss der Schreiber über Distanz zu seinem Text verfügen, um sich in die Gedankenwelt hineinversetzen zu können[47], andererseits muss er gleichzeitig auf einen inhaltlich logischen Aufbau und eine gute Textkohäsion achten, um so ein Textmuster überhaupt realisieren zu können[48]. Auch diese Fähigkeit stellt eine von mehreren Komponenten der Schreibkompetenz dar, und zwar die der Strukturierungskompetenz[49].

Eine weitere Fähigkeit, die der Schreiber während des Schreibprozesses aufbringen muss, besteht in der Aktivierung seines Vorwissens und dem Rezipieren von neuem Wissen, es handelt sich hierbei um die sogenannte inhaltliche Kompetenz[50].

Bei der Produktion des Textes ist zudem die Einhaltung von Normen und Konventionen von schriftlicher Sprache wichtig[51], dazu zählt u. a., sich operationales Sprachwissen wie z.B. die Syntax, Lexik, Morphologie und Orthografie bis hin zur motorischen Umsetzung, anzueignen[52].

---

[40] Vgl. ebd.
[41] Vgl. Dürscheid, Christa; Wagner, Franc; Brommer, Sarah (2010): Wie Jugendliche schreiben: Schreibkompetenz und neue Medien. Walter de Gruyter, Berlin/ New York., S.17
[42] Vgl. ebd.
[43] Vgl. Böth, Bewusster Schreiben 1995, S.14
[44] Vgl. Kuhl, Ermutigung zum Schreiben 1988, S. 41
[45] Vgl. Böth, Bewusster Schreiben 1995, S. 14f.
[46] Vgl. Dürscheid, Wagner, Bromer, Wie Jugendliche Schreiben 2010, S.18
[47] Vgl. Richter, Bastian (2008), S. 15ff.
[48] Vgl. Dürscheid, Wagner, Bromer, Wie Jugendliche Schreiben 2010, S.18
[49] Vgl. ebd.
[50] Vgl. ebd.
[51] Vgl. ebd.
[52] Vgl. Dürscheid, Wagner, Bromer, Wie Jugendliche Schreiben 2010, S.18

Die Aspekte operationales Sprachwissen und Literalität hängen miteinander zusammen. Literalität, also die Teilhabe an der Schriftkultur einer Gesellschaft, impliziert heute weitaus mehr als das automatisierte Erkennen von Wörtern, um zügig lesen zu können[53]. Es beinhaltet darüber hinaus die Kompetenz, sich Wissen darüber anzueignen, welche Wörter zu welchem Stil und Register gehören und welche Wörter man in einem bestimmten Themenkontext erwarten kann[54]. Des Weiteren gehört es auch dazu, dass der Schreiber Wissen über syntaktische Regularitäten und die Beziehungen, die mit ihrer Hilfe markiert und/ oder modifiziert werden, hat[55]. Denn Schreiben erfordert Genauigkeit, insbesondere bei der Gedankenverknüpfung[56]. Der Schüler muss viel ausführlicher als beim Reden darlegen, unter welchen Voraussetzungen eine Aussage ihre Gültigkeit hat[57]. Wie kommst du denn darauf?, ist die stets zu erwartende Leserfrage, auf die sich ein Schreiber einstellen muss[58]. Daher muss er viel ausführlicher auf die Dinge eingehen, die sich in einer Gesprächssituation von selbst verstehen[59]. Schreiben ist umständlicher, weil es Umstände hervorheben muss, die einer Aussage ihren Sinn und Verbindlichkeit geben, da eine asymmetrische Kommunikationssituation vorliegt[60]. Der Sprecher kann, wenn beabsichtigt, alles auf einmal sagen, während der Schreiber lernen muss, für seine Leser mitzudenken [61].

Sobald das Verfassen eines Textes an Komplexität gewinnt, indem nicht einfach die Form einer Darstellung gewählt wird, sondern Motive, Schauplätze, Hintergründe, Vorgeschichten und Parallelvorgänge hinzukommen und miteinander verknüpft werden, muss Erzählen den Charakter einer Inszenierung annehmen[62]. Dabei ist es, wie oben genannt, unabdingbar, dass der Erzähler sich bewusst in die Gedankenwelt des Lesers hineinversetzen kann[63]. Persönliche Überzeugungen müssen für den anderen nachvollziehbar gemacht werden, das beansprucht folglich, dass der Autor seine eigenen Ausführungen ständig von der anderen Seite her überprüfen muss[64]. In diesem Zusammenhang ist Schreiben ein Monolog, der jedoch eine dialogische Gestalt annehmen muss. Folgende Wendungen können hierfür Indikatoren sein: „Ihr fragt euch sicher warum...", „Ihr meint jetzt sicher das..." oder „ wir wollen den geäußerten Meinungen nicht unbedingt recht behalten - wir haben nur nachgedacht"[65]. Denn das, worüber geschrieben wird, ist nun nicht mehr für den Schreiber allein interessant, die jugendlichen Autoren müssen vielmehr die Einstellung verfolgen,

---

[53] Vgl. Apeltauer, Ernst (2003): Literalität und Spracherwerb. In: Flensburger Papiere zur Mehrsprachigkeit und Kulturenvielfalt, Heft 32, S.4
[54] Vgl. ebd.
[55] Vgl. ebd., S. 4f.
[56] Vgl. Kuhl, Ermutigung zum Schreiben 1988, S. 41
[57] Vgl. ebd. , S. 25
[58] Vgl. ebd.
[59] Vgl. ebd.
[60] Vgl. ebd.
[61] Vgl. ebd.
[62] Vgl. ebd., S. 24
[63] Vgl. ebd.
[64] Vgl. ebd.
[65] Vgl. Kuhl, Ermutigung zum Schreiben 1988, S. 81

7

dass vieles, was sie beschäftigt, für andere in einer interessanten Perspektive vorgelegt werden muss.[66].

In diesem Zusammenhang ist es relevant, dass der Erzähler sich darüber im Klaren ist, dass sich das Erzeugen von Spannung weniger aus dem dargelegten Inhalt als aus sprachlichen Mitteln zusammensetzt [67]. Dazu stehen Mittel wie Vorausdeutungen, Rückblenden, Verzögerungen, Gedankenrede, Erzählerkommentar und noch vieles mehr aus dem Repertoire sprachlicher Mittel zur Verfügung[68]. Insbesondere zu berücksichtigen sind hierbei auch die Syntax und Interpunktion, die mit Mitteln wie der Reihung kurzer Sätze, Ausrufezeichen, Satzanschlüssen mit auf einmal, plötzlich, da und noch vielem mehr zur Spannungserzeugung ihren Beitrag leisten[69]. Der Erzähler steht vor der Herausforderung, darauf Acht zu geben, dass der Rezipient nicht gleich zu Beginn ahnt oder in Erfahrung bringt, was dem Schreiber schon über den Verlauf des Endes bekannt ist[70]. „Der Schreibende muss also bei seinen Lesern Spannung erzeugen, Erwartungen aufbauen, zum Enträtseln anreizen, Hoffnungen wecken […] bis er am Ende die Spannung des Lesers aufhebt, das Rätsel löst, die Hoffnung erfüllt oder enttäuscht. […] Spannend schreiben ist also vor allem kommunikatives Schreiben."[71].Im Schreibprozess wird dem Schreiber die Sprache insbesondere als ein Ausdrucksmedium erkennbar, dass die eigene Aussage wirkungsvoll fördern, aber auch blockieren kann[72]. Demnach spürt man beim Schreiben eher die Intentionalität des Sprachgebrauchs, die Sprache wird stärker objektiviert und instrumentalisiert[73]. Es kommt auf ihren zweckmäßigen und wirkungsvollen Einsatz an [74].Das Schreiben ermöglicht dem Schüler das Vertiefen des Literaturverständnisses sowie mit Sprache in einer kreativen und spielerischen Weise umzugehen und Gedanken und Sachverhalte zu darzulegen[75].

Der Schüler lernt in mehreren Gestaltungsversuchen, sprachliche Varianten als Gestaltungsmöglichkeiten zusammen zu fügen, er lernt, potentielles Sprachmaterial für die Gestaltung zu sammeln und genau zu analysieren[76]. Durch Operationen der Umstellprobe, der Ersatzprobe und der Entfaltungsprobe lernt der Schüler, Leistungen des Sprachmaterials einzuschätzen[77]. Es ergeben sich somit eine Erweiterung der sprachlichen Kompetenz und eine Erhöhung hinsichtlich sprachlicher Sensibilität[78].

---

[66] Vgl. ebd.
[67] Vgl. Menzel, Spannend erzählen, Eine Textwerkstatt im dialogischen Unterricht 2000, S. 536f.
[68] Vgl. ebd., S.537
[69] Vgl. ebd.
[70] Vgl. ebd.
[71] ebd.
[72] Vgl. Schuster, Das personal- kreative Schreiben im Deutschunterricht 1997, S. 25
[73] Vgl. ebd.
[74] Vgl. ebd.
[75] Vgl. ebd, S. 26
[76] Vgl. ebd, S. 25
[77] Vgl. ebd.
[78] Vgl. ebd., S.27

Hat der Schreiber sein Werk geschrieben, so kann er dieses nicht einfach der Öffentlichkeit übergeben, er muss seinen Text überarbeiten. Der Schreiber ist im Idealfall in der Lage, seinen Text in kritischer Betrachtungsweise hinsichtlich kommunikativer und formaler Gesichtspunkte zu überarbeiten.[79] Er untersucht seinen Text, in Bezug auf die Anforderungen und seinen ursprünglich gesetzten Ziele, dabei werden, wenn nötig, Änderungen am Text vorgenommen.[80] Es handelt sich um die sogenannte Revisionskompetenz, welche eine Problemdiagnosefähigkeit und ein Überarbeitungsverfahren inkludiert[81].

Im Zusammenhang mit den erläuterten Teilkompetenzen wird nach Fix die Schreibkompetenz insgesamt als die Fähigkeit verstanden, pragmatisches, inhaltliches, textstrukturelles und sprachliches Wissen so zu gebrauchen, dass der Text den Anforderungen einer fremdbestimmten oder selbstbestimmten Schreibfunktion gerecht wird.[82]

4.3 Beurteilung und Schreibprodukt

Am Ende des Schreibprozesses soll resultieren, dass die Schüler selbst über den Gebrauch des Instrumentariums an erzählerischen und sprachlichen Mitteln einer Textsorte, wie die der Kurzgeschichte, bewusst entscheiden können. Auch der Inhalt ist von ihnen selbst konstruiert. Sie sollen sich diese Kompetenzen aneignen, um am Ende der Unterrichtseinheit in Prüfungssituationen das Geübte anzuwenden und ein Produkt in Form eines Aufsatzes herzustellen.

Das Verfassen eines Textes geschieht in diesem Fall nicht um des Lerners willen, sondern um des Produkts, nämlich des Textes willen[83]. Bei einem Aufsatz handelt es sich um das, was die meisten Lehrer und Schüler mit dem Wort Aufsatz assoziieren: die Klassenarbeit. In dieser Funktion dient der Aufsatz der Überprüfung des Leistungsstandes und des Lernerfolgs[84].

In der Funktion des Lerngegenstandes implementiert der Aufsatz, dass der Schüler lernt, einen Aufsatz zu schreiben, dass das Resultat den jeweiligen Erwartungen entspricht[85].

Doch wie soll die Bewertung stattfinden, wenn Kreativität ein zentraler Aspekt ist?

Man kann von einem Schüler sicherlich nicht abverlangen, eine Din A4- Seite an gesammelten Merkmalen einer Kurzgeschichte innerhalb von zwei Stunden zu einer kohärenten Textstruktur zu formen. Würde man dann nicht die Kreativität des Schülers beeinflussen wollen? Auch kann man nicht einfach die Kompetenz des Schreibens mit einer Auszählung der Anzahl von Spannungselementen, aus welcher Perspektive (auktorial, personal, humorvoll etc.), in welcher Syntax, in welchen Zeitformen, wie anschaulich, mit welchen stilistischen Mitteln gearbeitet wurde,

---

[79] Vgl. Richter, Bastian (2008), S. 15ff.
[80] Vgl. ebd.
[81] Vgl. Dürscheid, Wagner, Bromer, Wie Jugendliche Schreiben 2010, S.18
[82] Vgl. ebd.
[83] Vgl. Schuster, Das personal-kreative Schreiben im Unterricht 1997, S. 29
[84] Vgl. ebd.
[85] Vgl. ebd.

messen. Jeder Schüler wird individuell zu seinen bevorzugten, dem Inhalt seiner Kurzgeschichte passenden gattungstypologischen Merkmalen einer Kurzgeschichte sowie zu den aus seiner Sicht passenden erzählerischen und sprachlichen Mitteln greifen. Jeder Schüler wird seine eigene Idee entwickeln, und da stellen sich aus meiner Sicht schon die Schwierigkeiten einer objektiven Überprüfung der Kompetenz dar, wenn es überhaupt möglich ist, rein objektiv zu bewerten. Natürlich muss darüber hinaus dem Schüler die Verwendung von dramatischen und spannenden Elementen als positiv angerechnet werden. Auch wenn es aus meiner Sicht sehr schwierig erscheint, einen Text wie die Kurzgeschichte von Daria zu bewerten, ohne dabei eine subjektive Haltung einzunehmen, so ist es dennoch wichtig, dass in jedem Fall die Lehrperson bei einer Beurteilung die positiven sprachlichen Mittel anmerkt, denn nur so kann der Schüler erkennen, was ihm besonders gut gelungen ist und an welchen Stellen noch Verbesserungsbedarf vorliegt[86].

In diesem Zusammenhang stellt sich die Frage: Kann Schreiben wirklich frei sein?

Wenn Situationen wie das Schreiben eines privaten Briefes oder grundsätzlich der Entzug jeglicher Bewertung, in Bezug auf das Verfassen eines Textes nicht gegeben sind, dann bestehen zunächst Unterschiede hinsichtlich der Bewertung mündlicher und schriftlicher Äußerungen.

Ein Schüler, der einen Aufsatz schreiben muss, ist den formalen Anforderungen sprachlicher Verständigung in einem deutlich höheren Maße verpflichtet als ein Gesprächsteilnehmer. Schriftliche Äußerungen werden dahingehend stärker reglementiert als mündliche[87]. Der Schreiber ist daran gebunden, grammatische Regeln und stilistische Normen und die Erfordernisse innerer Stimmigkeit, einzuhalten[88].

Der Gesprächsteilnehmer kann jederzeit von sich behaupten, dass das soeben Gesagte nicht so gemeint ist, wie es aufgenommen wurde und sich dementsprechend wieder davon distanzieren, indem er Korrektur leistet, während in dem Augenblick, in dem der Schreiber sein Werk der Gesellschaft übergibt, er nichts mehr mit dem Schreiben selbst zu tun hat, der Schreibprozess ist abgeschlossen, das Produkt fertig[89].

So ist die verbindliche Schreibweise nur schwer vorstellbar mit dem Begriff der Freiheit in Verbindung zu setzen.

Des weiteren ist in Frage zu stellen, ob der Schüler in einer Prüfungssituation tatsächlich seiner Kreativität in einem solchen Maße „freien Lauf lassen kann" wie, wenn er draußen im Garten sitzt und nicht unter Zeitdruck steht, einen Text zu verfassen.

Neben dem produktorientierten Unterricht scheint der prozessorientierte Unterricht immer mehr in den Mittelpunkt der Didaktik des Deutschunterrichts zu rücken. Dabei wird ein Text, bevor er dem Lehrer endgültig übergeben wird, immer wieder neu besprochen, verändert, verbessert. Der Prozess

---

[86] Vgl. Menzel, Spannend erzählen 2000, S. 546
[87] Vgl. Kuhl, Ermutigung zum Schreiben 1988, S. 23
[88] Vgl. ebd.
[89] Vgl. ebd., S. 19f.

des Schreibens sowie die Urteilsfähigkeit und Reflexion der Schreiber und des Lesers gewinnen an Aufmerksamkeit und Relevanz. Die Intention einer solchen Schreibdidaktik basiert daher nicht darauf, Texte als Grundlagen für die Leistungsbewertung anzusehen.[90]. Der Schüler soll im Schreiben nicht eine unangenehme Aufgabe sehen, die er ableisten muss, sondern aus dem Schreiben, in seinen differenzierten kommunikativen und ästhetischen Funktionen, einen Nutzen für sich ziehen. Die Motivation zum einen Text zu verfassen soll aus intrinsischer Motivation heraus, im eigenen Mitteilungsbedürfnis des Schreibers liegen. [91]

Dieser Prozess setzt den Schüler deutlich weniger unter Druck als innerhalb von zwei Schulstunden einen Text zu verfassen, er kann seine Kreativität in Ruhe zur Geltung kommen lassen.

Dennoch verschwinden damit immer noch nicht die Probleme der Leistungsbewertung eines selbstverfassten Textes.

5. Fazit/ Ausblick

Schreiben verhilft dem Schüler dazu, Phantasien zu entwickeln und Kreativität freizusetzen. Er lernt, sich bewusster mit seinen Erfahrungen und Vorstellungen auseinanderzusetzen und diese auf gezielte Weise zu versprachlichen.

Schüler lernen nicht einfach Schreiben. Sie lernen, bestimmte Möglichkeiten und Funktionen des Schreibens für sich zu nutzen, nacheinander und in jeweils neuen Zusammenhängen[92].

Lehrer sollten den Schülern bewusst machen, dass das Schreiben keine lästige Aufgabe ist, die man ableisten muss, um eine Note am Ende zu bekommen. Sie müssen eine Atmosphäre schaffen in der Schüler durch das Schreiben inspiriert werden.

---

[90] Vgl. Hinrichs, Beatrix (2011): Kreatives Schreiben – ein Weg zur Förderung der Schreibkompetenz von Schülern mit Deutsch als Zweitsprache im Deutschunterricht. URL: https://www.uni-due.de/imperia/md/content/prodaz/kreatives_schreiben.pdf. Download am 26.03.2015.
[91] Vgl. ebd.
[92] Vgl. Kuhl, Ermutigung zum Schreiben 1988, S. 43

6. Verwendete Literatur

Apeltauer, Ernst (2003): Literalität und Spracherwerb. In: Flensburger Papiere zur Mehrsprachigkeit und Kulturenvielfalt, Heft 32

Böth, Wolfgang (1995): Bewusster Schreiben. Verlag Moritz Diesterweg GmbH & Co., Frankfurt am Main.

Brunner, Maria E. (1997): Schreibgesten, bye ars una Verlagsgesellschaft mbH, Neuried.

Dürscheid, Christa; Wagner, Franc; Brommer, Sarah (2010): Wie Jugendliche schreiben: Schreibkompetenz und neue Medien. Walter de Gruyter, Berlin/ New York.

Kuhl, Helwig (1988): Ermutigung zum Schreiben. 1. Auflage. Skriptor Verlag GmbH & Co., Frankfurt am Main.

Wolfgang Menzel (2000):, Spannend Erzählen. Eine Textwerkstatt im dialogischen Unterricht. 1. Auflage.

Schuster, Karl (1997): Das personal- kreative Schreiben im Deutschunterricht, 2. korrigierte Auflage, Schneider- Verl., Hohengehren.

Wörner, Ulrike; Rau, Tilman; Noir, Yves (2012): Erzählendes Schreiben im Unterricht, Klett Kallmeyer, Seelze.

7. Internetquellen

Fachteam Deutsch 9 (2015): Selbstgeschriebene Kurzgeschichten. URL: http://www.aesmtk.de/cms/index.php/aktuelles/neuigkeiten/278-fachschaft-deutsch-selbstgeschriebene-kurzgeschichten-von-schuelern-der-9-klassen. Download am 15.02.2015.

Hinrichs, Beatrix (2011): Kreatives Schreiben – ein Weg zur Förderung der Schreibkompetenz von Schülern mit Deutsch als Zweitsprache im Deutschunterricht. URL: https://www.uni-due.de/imperia/md/content/prodaz/kreatives_schreiben.pdf. Download am 26.03.2015.

Lehrstuhl für Didaktik der deutschen Sprache und Kultur (2015): Der Schreibprozess. URL: http://www.uni-bamberg.de/?id=24538. Download am 25.03.2015.

Meissner, Almuth (2009): Schlaglichter. Zwei Dutzend Kurzgeschichten. URL: http://www2.klett.de/sixcms/media.php/10/A00416_26273100.pdf. Download am 15.02.2015.

Richter, Bastian (2008): Didaktische Konzepte zur Förderung der Schreibkompetenz in der Sekundarstufe I. URL: http://www.linse.uni-due.de/linse/esel/arbeiten/schreibkompetenzfoerderung.pdf. Download am 26.03.2015.

8. Anhang

Das Brot (von Wolfgang **Borchert)**

Quelle: http://www.mondamo.de/alt/borchert.htm

Im Spiegel (Von Magrett Steenfatt)

Quelle:http://www.esclaneuveville.ch/doc/informations/examens/09_Deutsch_Aufgaben.pdf

Spiegel (von Daria, 9. Klasse)

Quelle: http://www.aesmtk.de/cms/images/stories/pdf/FS_Deutsch/Daria_9b.pdf

Analyse Kurzgeschichte: „Im Spiegel" (von Hala Ibrahim Fattah Ahmad)

Merkmal	Beispiel
Titel	„Im Spiegel" → eher **andeutend** und **tarnend** als kommentierend und enthüllend
Anfang	Einstieg: **medias res:** Verzicht auf Einleitung/ Rahmenerzählung → Direkte Konfrontation mit der Problematik „ Du kannst nichts" […] „du machst nichts, aus dir wird nichts. Nichts. Nichts. Nichts" (Z.1-2). „Was war das für ein NICHTS" (Z.2). **Funktion:** Erweckt Neugierde/ Irritation, stärkere Einbindung des Lesers in das Geschehen. **Fragen:** → Warum bezeichnen die eigenen Eltern den Sohn als ein *Nichts?* → Was könnte nur vorgefallen sein?
Erzählform	**Personaler Erzähler/ Er- Erzähler** „ Er robbte" (Z.10), „ Er fasste" (Z.21), „ Er drückte" (Z.26) u.s.w. . **Wiedergabe der Innensicht der Figur:** „Er betrachtete sich […] : lang, knochig, graue Augen im blassen Gesicht, hellbraune Haare, glanzlos" (Z.11-12) „Er starrte gegen die Zimmerdecke. Weiss. Nichts. Ein unbeschriebenes Blatt […]" (Z.5-6). Erzähler bewahrt trotzdem eine **Distanz** zum Erzählten. **Wirkung**: Man achtet dann auf die Handlungen einer Figur und versucht die Emotionen die dabei entstehen selbst zu denken.
Zeitraum/Ort/ Zeitform	**Präteritum** **Kaum Darstellung längerer Zeitverläufe**

	„Eine Weile verharrte er" (Z.32). Ansonsten wird **zeitdeckend** erzählt. **Kein Ortswechsel:** Handlungen finden in Achims Zimmer statt „Dead Kennedys" → Punkband der **80er** Jahre Zeit in der die Erzählung spielt.
Erzählhaltung/ Sprache	Nur am Anfang Wiedergabe von direkter Rede, ansonsten kommt die Figur Achim nicht zur Sprache, es wird lediglich wiedergegeben. **Bildhafte Sprache/ metaphorisch** „Er robbte zur Wand" (Z.10). „ungemaltes Bild", „tonlose melodie" (Z.7) Ansonsten wird hauptsächlich ein **neutraler/ sachlicher Stil** **Sprachniveau:** einfach gehalten, entspricht dem Alltäglichen verwendet → **Zurückhaltender Erzähler**, keine Kommentare zum Verhalten der Figur **Detailliert beschrieben**: Rezipient kann sich vorstellen dabei zu sein und das Geschehen selbst mitzuverfolgen → Ab dem 3. Abschnitt wo es um die Spiegleszene geht. **Auffällig:** Zerschlagen des Spiegels (Wendepunkt) wird nicht durch einen inneren Monolog oder der erlebten Rede versucht wiedergegeben. Effekt: Achims Handlung wird dadurch wirkungsvoller, man konzentriert sich nur auf das Geschehen und überlegt sich als Leser, was für Emotionen gerade durch ihn durch gehen müssen. **Wortwahl:** Auffällig starker Gebrauch von **Verben.** **Satzarten: Verberst-/ Verbszweitsätze** **Wirkung: dynamisch** **Adjektive fast gar nicht verwendet!!! Wirkung:** **unterstützt den sachlichen, neutralen, berichtenden** **Stil, der auch Achims Leben wiedergibt!!!**
Figuren/ Charakterisierung	**Alltäglich:** Ein Junge, der bei seinen Eltern zu Hause lebt. **Direkte Charaktersisierung** , Du kannst nichts" […] „du machst nichts, aus dir wird nichts. Nichts. Nichts. Nichts" (Z.1-2). „Was war das für ein NICHTS" (Z.2). **Parataktischer Satzbau:** Im ersten Drittel des Textes; liefert Erzähler nur kurze Beschreibungen ohne Tiefgang und zeigt auf diese Weise, daß der Held in seiner Eigenbetrachtung **oberflächlich** ist und dies erst ablegt, als er sich genauer vor dem Spiegel mustert. Atmosohäre wird dadurch deutlich, eher eine schlechte Stimmung als eine Freudige/Positive. → **Oberflächlich= nüchternde** **Stimmung.**

Verkürzte Sätze können Spannung erzeugen, weil man in einem immer schnellern Lesetempo sich bald einem Ereignis nähert. **Motivationslosigkeit/ Keine Lust am Leben** → **Keine Mühe vollständige Sätze** Parataktischer Stil wirkt **trocken, auf das wesentliche konzentrieren.**

Auffällig: Im dritten Absatz (Z.20 f.) sind verdichtete Sätze vorzufinden, außer die beiden Sätze: „ Von der schwarzen Farbe war noch ein Rest vorhanden" (Z.23) und „ Weiss besass er reichlich" (Z.25). Diese Sätze werden nicht zu Teilsätzen eines gesamten Satzes geformt, so wie es in diesem Abschnitt sehr auffällig ist. Gerade, wenn es darum geht, deutlich hervorzuheben, dass Achim von der hellen Farbe weiss noch viel hat, aber von der Farbe schwarz, fast nichts mehr hat, da er diese in seinem bisherigen Leben vielmehr genutzt hat.
→ Die beiden Sätze fallen dann natürlich auf und man behält ihre Inhalte sehr gut im Gedächtnis. Der Erzähler bewirkt damit eine Art Akzenturierung auf die vorhandene Menge der Farben weiss und schwarz.

Gedankenwelt Wiedergabe/ Innensicht:
„Er starrte gegen die Zimmerdecke. Weiss. Nichts. Ein ungeschriebenes Blatt Papier, ein ungemaltes Bild (oberflächlich betrachtet ausdruckslos), eine tonlose Melodie, ein ungesagtes Wort (ruft bei anderen keine Gefühle hervor, hat keine Einstellung und Meinung zu irgend etwas)." (Z.5-7)
Dem Substantiv werden adjektive zugewiesen, die exakt das Gegenteil von dem, was das Substantiv semantisch trägt, ausdrückt.
→ **Oxymorone**
Widerspruch in sich, legen dar, wie gegensätzlich die Selbsteinschätzung ist, denn jeder Mensch hat eine Persönlichkeit, ein Wesen.
Zugleich handelt es sich um **Ellipsen**, da Wörter o. Satzteile ausgelassen werden und folglich grammtisch unvollständige Sätze gebildet werden.
Wirkung: Wichtiges hervorheben, bewirken aber auch, dass sich ein Text schneller liest und man Sachverhalte nicht großartig in mehrern Sätzen beschreiben muss.
Als Rezipient kann man sich diese Sätze viel besser merken und sie im Lesen der folgenden Textabschnitte leichter abrufen.

Ellipse: „ungelebtes Leben" (Z.7)

Es wird anschaulich deutlich gemacht, wie unbedeutend Achim, die bisher gelebte Zeit betrachtet. Es ist ihm anscheinend gleich ob es Jahre, Monate oder Wochen sind, sein anscheinend wenig aufregendes Leben hat er bis dato nur „vor sich dahin gelebt".

„ unbeschriebenes Blatt Papier" (Z.6)
Eine **Redewendung**, welche die Lesart trägt: Eine Person, die sich noch nichts hat zu Schulden kommen lassen, oder auch einfach jemand, der noch nie aufgefallen ist.

	Eine Redewendung, die etwas **alltägliches** implementiert.
	Indirekte Charakterisierung der Figur Achims, da der Leser aus dem, was Achim denkt, selbst einen Rückschluss ziehen muss.
	Wortgruppe: „ Immer dasselbe" → Drückt die öde/ langweilige Routine in seinem Leben aus. Death Kennedys: Lebensgefühl von Achim wird wiedergegeben.
	Durch die nicht all zu vielen Informationen, hinsichtlich seines Charakters, achtet der Leser natürlich auch viel mehr auf Achims Handlungen.
	„Unter Decken und Kissen vergraben" (Z.3) Leser muss sich selbst die Worte: Wärme, Geborgenheit erschließen
	Achim durchläuft eine **Entwicklung** innerhalb der Erzählung.
Ende	Offene Form? Es wird dargelegt, dass er vorhat runter zugehen und seine Freunde zu sehen. Davor hat er einen emotionalen Wutausbruch erlebt, indem er sein eignes Spiegelbild zerschlägt. Er zeigt keine Emotionen als er ihn zerschlägt, normalerweise tut soetwas weh, es wird lediglich beschrieben, dass er sein Blut aufleckt. Das heißt zum Ende hin zeigen sich keine Gefühle seinerseits. Wir wissen auch nicht, wer seine Freunde sind, was für Charaktere sie sind, was wenn sie ebenfalls unter einer Identitätskrise leiden? Dann wäre Achim sicherlich nicht geholfen! Er würde in seinem Raster weiterhin verharren! Vielleicht wollte er nur raus, um von seinen Eltern etwas Abstand zu bekommen und frische Luft zu haben. Es kann natürlich auch sein, dass er mit dem Zerschlagen des Spiegles tatsächlich ein Wendepunkt in seinem Leben stattgefunden hat. Das kann leider nicht ganz festgemacht werden anhand seiner Handlungsweise.
Erzählperspektive	Hauptsächlich **Außensicht** mit geringem Anteil an Innensicht
Handlung/ Handlungsabfolge	1.) Wahrscheinlich Streit mit seinen Eltern 2.) Steht aus seinem Bett auf 3.) Begibt sich zum Spiegel und betrachtet sein äußeres Erscheinungsbild. Er hört währenddessen „Dead Kennedys": 4.) Wendet sich zum Fenster ab und schaut nach draußen 5.) Begibt sich erneut zum Spiegel und betrachtet sich ein weiteres Mal 6.) Bedürfnis sein eigenes Gesicht mit Farben auf dem Spiegel nachzumalen, er verharrt eine Weile vor dem Bild, das er geschaffen hat.

7.) Zerschlägt den Spiegel mit seiner Faust **WENDEPUNKT**
8.) Hat vor das Zimmer zu verlassen und seine Leute zu treffen.

Konzentration auf wenige prägnante Situationen
Gradlinig linear verlaufende Handlung → Keine
Parallelhandlungen, Keine Vorausdeutungen, keine Rückblicke.

Effekt: Jede neue Handlung Achims empfindet der Leser als
ungeahnt und überrschend und „lebt" sozusagen mit Achim mit, da
er außer den Handlungsschritten Achims keine weiteren
Informationen erhalten kann. Er ist sozusagen auf die Figur und ihr
Handeln angewiesen.

Analyse Aspekte   Analyse Spiegel (Daria) und Vergleich zu Im Spiegel (Magrett Steefatt)

Von Hala Ibrahim Fattah Ahmad

<u>Titel:</u> Starke Ähnlichkeit zum Titel „Im Spiegel"
  Macht neugierig, da sie eher nichts verrät

<u>I Inhaltliche Parallelen:</u>
Mädchen, das ebenfalls an einer Identitätstörung/ Persönlichleitsstörung leidet.
Abnehmwahn / Promis; Ideal nachstreben? INNERER KONFLIKT
Element Spiegel, 2 Facetten (1. Elfe/ junge malt Geischt nach und grinst in sein ‚buntes Gesicht",
gleichzeitig Tod, Junge schaut zur Seite und sieht sein blasses Gesicht.)
ELFE: Fabelwesen aus der Mythologie, symbolisiert leichte, schöne fliegende kleine Wesen
Element: 2 Mal in den Spiegel schauen und sich betrachten, genau wie beim Jungen
Ereignisort: u.a Zimmer
Lebensort: Eltern, wie beim Jungen auch
Vorher in Gesellschaft integriert: Freunde gehabt, nun seit dem Abnehmwahn isoliert von der
Außenwelt.
→ Vorher: Lebensgefühle: Freude, Zufriedenheit, Genuss von Essen
→ Nacher: stechener Schmerz in ihrem Körper, sie kann bereits ihre Rippen zählen, Indiz
  für starke Magersucht, ständig von knurren ihres Magens begleitet.
  Letzterer Absatz gibt mehr Auskunft über ihren gesundheitlichen Zustand:
  → „dünner Körper"; Innerer Konflikt: Zu schwer war es für sie ihre Welt hinter
  sich zu lassen. Ihre eigne Welt, die sie sich selbst geschaffen hatte. Zu groß die
  Angst vor dem Unheimlichen und Neuem in der anderen Welt, wenn sie wieder
  gesund werden würde.
  → Auch wie im Spiegel: 2 unt. Welten; die Welt in der die Jungendlichen
  leben und die andere Welt.
→ Begriff: Költe taucht in beiden Erzählungen auf
→ Innerer Konflikt, scheinbar genau wie Achim auf sich alleine gestellt.
→ Alltägliches Thema, genau wie bei Achim
→ Unterschied zu Achim: Sie hat vorher eine andere Welt gelebt, wir Rezipienten kennen den
  Auslöser für ihre Veränderung nicht. Und steht nun in einem inneren Konflikt wieder
  die alte Welt zu erlangen.
→ Ende: Offen genau wie bei Achim.
  Sie sitzt zwar am Tisch und der Teller Nudeln liegt vor ihr, aber genau da bricht der
  Erzähler ab, wir als Rezipienten wissen nicht, ob sie den Sprung in die alte gesunde,

17

freudige Welt schafft, ob sie die Kraft hat sich zum Essen zu überwinden.

II Wie wird das inhaltliche sprachlich umgesetzt?

→ Parataktischer Satzbau: Spiegelt nüchterne, emotionslose Stimmung wieder. Man wird schneller zum Geschehen geleitet, der Text liest sich schneller, es werden nur wesentliche Informationen genannt, Ausschmückungen, die von der eig. Handlung ablenken, werden ausgelassen. Das schnelle Lesen bewirkt einen Spannungsaufbau.

→ Eine Handlung, keine Parallelhandlungen oder Vorausdeutungen, eine Figur, welche namentlich nicht benannt ist → Höhere Identifikationsmöglichkeit/ Hineinversetzen in die Figur. LINEAR verlaufende Handlung, auf die POINTE zulaufend

→ Verstärkte Nutzung des Stilmittels Anapher: Funktion; Verstärkung eines Ausdrucks Hervorhebung eines bestimmten Wortes durch Wiederholung!
→ Fragen: „ Wollte sie das wirkliche tun?" Sich selbst verraten? Alles aufgeben, wofür sie zu lange, zu hart gearbeitet hatte?" → Spannungsaufbau

→ Anapher mit Parallelismus verknüpft: „ Gefässelt an die Kälte in ihr. Gefesselt an ihren Körper." Gleiche Anordnung der Satzglieder/ identische Abfolge der Satzglieder/ Parallel Syntax/ strukturidentische Wiederholung. Verstärkt Prägnanz der entsprechenden Formulierung; Gleichartigkeit der Parallel ausgedrückten Wörter „ Kälte" und „Körper" gleichzeitig zum Ausdruck bringen.

→ „ Etwas". „Etwas". „Etwas" → Spannungsaufbau

→ So eine Art Spezifizierung durch Steigerung: „ Etwas war in ihrem Körper, Etwas dass sie von innen aufass, Etwas vo dem sie sich nicht lösen konnt. → „Ein schwarzes Band. Ein Band, dass sie früher...."

→ ca. 31 Mal Personalpronomen Sie benutzt

→ Zeitform: Präteritum

→ Sprachstil: Hauptsächlich genau wie bei Achim ein sachlicher stil, jedoch auch bildhafte Elemente enthalten → Schwarzes Band, Gefessel an …

→ Erzählhaltung: Zurückhaltender Personaler Erzähler, keine Kommentare außer auktorialer Erzähler → Wollte sie das wirklcih tun? Sich selbst verraten? Alles aufgeben, wofür sie zu lange, zu hart gearbeitet hatte"

→ Wendepunkt steht aus genau wie bei Achim, denn wir wissen nicht, ob sie den Schritt in die Neue/ Alte Welt wagen wird.